Poesie der Seele

Bibliografische Information der Deutschen
Nationalbibliothek.
Die Deutsche Nationalbibliothek verzeichnet diese
Publikation in der Deutschen Nationalbibliografie;
detailierte bibliografische Daten sind im Internet über
http://dnb.d-nb.de abrufbar

Impressum

©Sascha Heinen
Herstellung und Verlag: Books on Demand
GmbH, Norderstedt
ISBN 9783837028928

Einleitung

Meine Poesie wie Sie hier im Buche steht, soll den Leser am Herzen treffen und ihm das Gefühl des Miterlebens geben. Schöne, aber auch traurige Momente soll der Leser fühlen. Dabei kann man nicht das genaue Gefühl einer Erinnerung treffen, nur seine Verwandtschaft. Jeder Mensch fühlt anders, aber im Kern sind unsere Gefühle ähnlich und somit auch ansprechbar. Das versuche ich mit meinen Zeilen. Um bei Ihnen diese Gefühle in Ihrer Sprache und Ihrem Bewusstsein hervor zu rufen.

Ich benutze dazu die deutsche Sprache, aber versuche dabei mit einfachen Worten, für jeden zu verstehen, zu arbeiten. Für mich ist es nicht wichtig das schönste Deutsch zu schreiben. Ich versuche einfach das gefühlvollste und in meinen Augen das passendste zu benutzen.

Themen wie Natur, Liebe, Trauma, Sport und viele Andere sind hier beschrieben. Dabei handelt es sich um real erlebte Situationen oder ausgedachte. Ich versuche stets ein Gefühl zu fassen, es dann in meinem Kopf zu potenzieren um es dann begreiflicher niederzuschreiben.

Ich möchte Ihnen nicht nur die Poesie zeigen, auch den Weg wie es in meinem Kopf entstand, in welcher Situation und was ich genau damit meine. Möchten Sie Ihre eigene Phantasie nicht mit meiner vermischen, lesen Sie die Zeilen nach den Werken nicht.

Dazu kommen noch meine Gedanken rund um das Thema das ich beschreibe und einige Hinweise und Anmerkungen die in meinen Augen wichtig sind.

Es folgt auf jedes Werk eine Erklärung, dabei lasse ich meist offen ob es eine reale oder erdachte Situation ist. Sicherlich kann man nicht jeden Geschmack treffen, aber das sollte man auch nicht versuchen, denn sonst verschreibt man sich zu sehr den Anderen. Ich habe meinen Stil und meine Art, ich hoffe natürlich das er Ihnen gefällt.

Wünsche Ihnen viel Spaß und manch Gefühl beim Lesen dieses Buches

Schlaflos

Es klingelt kein Wecker, es gibt keinen Lärm,
Und doch wach ich auf, so spät in der Nacht
Der Traum entschwindet in die Dunkelheit,
Ich versuche Ihn zu fassen, er war so schön
Doch er gleitet durch meine Fingerspitzen.

Was mir bleibt ist ein Lächeln im Herzen.
Und in meinem Kopf, ein Bild von Dir,
Es ist so groß und auch so schwer,
Kein anderer Gedanken hat einen Platz dort mehr
Nur die Hoffnung schafft sich Raum.
Doch diese Sätze Sie schreiben umher.
Was mein Herz klar und deutlich fühlt.

Ich hab Dich gern.

Gedanken zu "Schlaflos"

Dieses Werk entstand 2001 als ich mich selbst verliebte, um es vorweg zu nehmen, mit glücklichem Ausgang. Dieses Werk soll den verliebten Menschen zeigen der immer wieder Nachts aufwacht. Aus den schönsten Träumen die er mit seiner Angebeteten hatte.

Auch wenn dieser Traum ihm aus den Fingern entgleitet, bleibt ihm genau dieses schöne Gefühl in seinem Herzen. Wie es auch anderen Verliebten geht, ist bei ihm jeder Gedanke der Frau gewidmet und er kann über nichts anderes mehr nachdenken. Dabei fühlt er sich die Zeit über glücklich, da er eben jene Frau in seinem Herzen trägt und sich nicht verrückt macht über ein negatives Ende.

Da er die Hoffnung nicht aufgibt und sein Herz frei sprechen lässt, nämlich das er diese Frau gerne hat und sich verliebt hat.

Ich konnte damals dieses Werk der Frau zeigen die ich erobern wollte, zeigte es auch vorher einer anderen Frau, ohne zu das diese Gefühle für mich hegte. Die Tränen auf Ihrem Gesicht sollen nicht um sonst geflossen sein, als Sie es las.

Einsamkeit

Ich stehe in einem Raum, um mich Massen von Menschen
Es ist kaum Luft da zum atmen, die Wärme treibt
Schweißperlen auf meine Stirn
Und doch spüre ich einen kalten Hauch an mir, und die Leere
in mir gewinnt Oberhand
So viele Menschen so nah, und doch alle so entfernt
Ich versuche nach Ihnen zu greifen, aber sie gleiten mir
durch die Finger
In den Augenhöhlen ein Meer von Tränen, sie bilden das
Ventil für die Schmach der Zuneigung
Ich fange an zu laufen, es wird dunkel und immer kälter
Bevor ich merke was mit mir geschieht, habe ich das Ende
des Tunnels erreicht.

Gedanken zu "Einsamkeit"

Man hat in unserer Gesellschaft oft viele Menschen um sich, aber man kennst Sie nicht wirklich. Das Werk einen Menschen, der nicht nur von seinen Mitmenschen alleine gelassen wurde, sondern auch von seiner Familie. Nun ist er alleine in dieser Welt und wird sich das inmitten von einer Menschenmenge bewusst. Die Nähe der Menschen treibt ihm Schweißperlen auf die Stirn, aber dort geht es um die Körperlichen Auswirkungen der Menschenmenge. Denn die Seele ist immer noch alleine.

Darauf hin beginnt dieser Mensch zu weinen, es werden die schlechten Gedanken und Gefühle heraus geweint, aber als dies nichts mehr hilft, beginnt er zu laufen. Der Lauf symbolisiert den Weg in den Suizid. Aber er bewegt sich nicht bewusst dorthin, sondern wird von seiner Schmach getrieben. So merkt er erst am Ende wenn er tief in seiner Depression sitzt, wo er gelandet ist und was er genau macht.

Die Angst

Die Erde dreht sich, Tage gehen und Tage kommen
Mein Kopf wird langsam aber sicher von Dir eingenommen
Ich sehe Dich jeden Tag, weil ich Dich so gerne mag
ob in Real oder in Gedanken, dort sind nur wieder diese
Schranken
Sehe ich Dich, spreche ich nicht, das bin nicht ich
Jeder Blick von Dir, jeder Ton zu mir
lässt meine Kräfte schwinden, lässt mich unsicher werden
Erst wenn ich allein bin mit Dir im Raum
löst sich der undurchdringbare Schaum
Jede Zuneigung obgleich mit Worten, Taten oder Blicken
erwärmt mein Herz
aber jedes Wort, jede Tat und jeder Blick mit Abneigung
schmerzt das Herz
Wächst die Verzweiflung und Angst auch ins Unermessliche,
bleibt mir die Hoffnung
deshalb frage ich Dich, fühlst Du genauso wie ich ?

Gedanken zu "Die Angst"

Wer auf dieser Welt, kennt es nicht. Man ist verliebt aber verhält sich dem Menschen gegenüber in den man sich verliebt hat, sehr schüchtern. Auch das man etwas vorspielt und nicht sein wahres Ich wieder gibt, ist nicht selten der Fall.

Die Hoffnung zerbricht immer wieder an einem noch so kleinen Wort das der andere spricht, auch wenn der andere es nicht so meint. Man nimmt immer das Schlimmste an. Aber auf der Gegenseite nimmt man auch an, das jedes gute Wort, wieder die Liebe auf Erden bedeutet. Man verliert ein wenig den Sinn für die Wirklichkeit.

Das alles führt dazu, das man am Ende sich doch überwindet und auf irgend einem Wege fragt ob der andere Mensch nun auch so fühlt. Oft begeben wir uns in Gedanken die gar nicht sein müssen, Nachdenken ist gut, aber die Zeit sollte auch Ihre Chance bekommen und Ihr weiteres tun.

Es ist Nacht

Es ist Nacht, der Herr hat die Erde so Dunkel gemacht
Ich wandere des Weges zwischen Bäumen und Sträuchern
Der Wind er haucht mir zart und sanft ins Gesicht,
er lässt mich nicht zittern, auch schaudern nicht.
Hüllt mich in ein warmes Gewand von Liebe und Licht.

Aus den Wolken herunter fallen Tropfen der Erleichterung,
Man schwebt am Boden auf der Höhe der Sterne,
fühlt sich eins mit dem Wind und den Tropfen zugleich.
Jeder Tropfen ist ein Kuss, jeder Wind eine Umarmung
Die Natur hält einen im Arm wie die Mutter Ihr Kind.

Gedanken zu "Es ist Nacht"

Mit "der Herr" in der ersten Zeile, ist nicht explizit Gott gemeint. Es ist einfach jenes Mysterium welches die Erde und das Universum geschaffen hat. Es geht um eine Situation in der Nacht, die ich so erlebt habe und beschreiben wollte.

Es ist dunkel aber man fürchtet sich nicht. In der Luft liegt eben diese Sicherheit, ausgestrahlt durch den warmen Wind. Wenn man sich so der Natur öffnet, kann man sich, mit der Natur in Einem fühlen.

Sich dem Ganzen zugehörig als ein Teil des großen Ganzen. Auch wenn man nicht auf dem Land lebt, kann man diese Gefühle in einer kleinen Böschung finden. Man muss einfach nur offen sein.

Nachwirkung

Stunden sind es her, ich komme nicht zur Ruh,
Mundwinkel steigen auf, ein Lächeln ist geboren
Doch das Lächeln schwimmt in Unsicherheit
Was denkst Du, was fühlst Du?

Da ist diese Fröhlichkeit und Sonnenscheinstimmung
Der Bauch, er ziept und steht nicht mehr still

Ich wünschte, dieser Schmetterling würde mich nie verlassen
Auf der Haut kribbelt es und in mir wärmt es

Schlaf werde ich keinen finden, aber träumen werde ich
Die Augen geschlossen, sehe ich ein Gesicht
Es ist Deins, mit einem sympathischen Lächeln
Zeit ist es her, eine Umarmung zum Abschied
Öffne ich die Augen nicht, löse ich Sie nicht

Gedanken zu "Nachwirkung"

Nach einem Date wo es gefunkt hat, beginnt es in einem zu wachsen, das Gefühl des Verliebt sein, man bekommt den Menschen nicht mehr aus dem Kopf. Es ist einer solcher Momente, die man nie vergehen lassen will. Man weiß, was auf einen zu kommt aber nimmt es mit Freuden hin.

Eben noch hat man den Menschen umarmt und möchte diese Erinnerung nicht aus dem Kopf gehen lassen und so macht man immer wieder die Augen zu und führt es sich immer wieder vor Augen.

Freundschaft

Leben alleine ist schwer
Freunde helfen Dir gern,
Kummer, Trauer und Leid.
Nur halb so schwer zu Zweit

Gedanken zu "Freundschaft"

Freunde haben ein dickes Band zueinander, man findet nicht leicht wahre Freunde, aber jene die es sind, lässt man nicht mehr gehen. Man steht zu Ihnen in Leid und Freude. Es ist ein sehr kurzes Werk, aber ein sehr bedeutsames, denn auf dieser Welt gibt es so viel zu erleben, aber was auch immer geschieht, mit Freunden ist es halb so schwer durch harte Zeiten zu gehen. Um so schöner den Moment zu genießen, wenn man Ihnen Teilen kann mit Menschen die einem nahe stehen.

Das Andere Ich

Ich bin so ein fröhlicher Mensch und doch
kommt kein Lächeln über meine Lippen.
Würde ich lachen, mich auch nur freuen,
überkäm mich eine Scham.

Würde mich schlecht des Lachens her fühlen.
Innerlich lache ich, freue mich des Glücks anderer Menschen
Äußerlich bin ich nur fähig andere Auszulachen.
Mich am Pech Anderer zu erfreuen.

Bin ich nur ein schlechter Mensch?
hat sich meine Gefühlswelt verabschiedet?
Gibt es Sie noch oder bin ich einfach eine Hülle ohne Seele?

Gedanken zu "Das Andere Ich"

Ein Mensch möchte lachen und fröhlich sein, aber er möchte Lachen, weil er glücklich ist. Doch wenn ein Mensch im tiefen Herzen unglücklich ist, schämt er sich jeder seiner lachenden Momente, denn er denkt, er würde sich selbst und seine Seele verraten. Er lacht nicht mehr des Glückens wegen, welches von Ihm aus geht. Lächelt aber innerlich sehr wenn er das Glück bei einem anderen Menschen sieht und erfreut sich dessen.

Ihm macht es aber nichts aus andere auszulachen, da er da die Kränkung und das Leid seines Lebens aussprechen kann. Eine Art Therapie seiner Seele, sich nicht zu öffnen, nur die harte Hülle zu zeigen. So kommt es auch das er sich leer fühlt, eben nicht mehr als Mensch, nur noch als Hülle eines Menschen.

Trauma

Es wird ein Tag kommen, da wird vieles klar
Doch bis zu diesem Tag, lebe ich die Angst
Was wird kommen, was werde ich erfahren
Wird das Ventil der Ängste geöffnet?
Kann die Angst entfliehen, in die weite Welt

Werde ich wieder zu dem Menschen der ich mal war,
der ich dachte gewesen zu sein
Hatte ich all die Jahre ein falsches Bild von mir ?
Lebe ich im Traum, oder bin ich gar ein Traum

Viele Fragen und doch wird es nur diese eine Antwort geben.
Doch die größte Angst ist nicht die Antwort selbst.
Nein es ist die Reaktion des Lebens
Das Leben danach, was mir Angst macht.

Doch bin ich mir sicher, stark zu sein.
Mich all diesem zu stellen, jenen Ängsten entgegen zu treten
Welche meine Seele misshandelten, sie peinigten
Mich nie frei handeln ließen.
Der Käfig wird aufbrechen, und ich endlich frei sein.

Gedanken zu "Trauma"

Ein Trauma kann sehr vieles sein, das Zusammen kommen von vielen kleinen Ereignissen oder einfach der Große Schlag in die Seele. Manche wissen nicht welches Trauma sie durchlebt haben. Und genau um einen solchen Menschen handelt es sich hier. Dieser Mensch weiß nicht ob es eine große Tat oder eben diese vielen kleinen Taten waren, die ihm sein Gedächtnis genommen haben. Dieses Gedächtnis nehmen, ist ein Teil der Abwehrhaltung des Körpers, damit die Seele nicht daran zerbricht ,so unbeschützt sie in dem Moment der Taten ist.

Die weg geschobenen Gedanken ändern aber diesen Menschen, nur weiß dieser nicht in wie weit er geändert wurde. Was ist nun, nennen wir es die Krankheit und was ist die normale Person, die der Mensch nun mal auch war. Da er das nicht weiß, hat er nicht vor der Antwort selbst Angst, er hat Angst wie in diese Antwort verändern wird, welche Auswirkungen es haben wird, wie einst auch die Auswirkungen des Gedächtnis.

Fühlt er sich auch so gefangen und befangen von diesen Gedanken, möchte er dagegen ankämpfen und sich dem Stellen was damals war. Denn danach ist er endlich frei, frei von der Suche nach den Gründen seines Verhaltens, dann kann er offen damit umgehen und muss nicht raten oder mutmaßen, was es denn sein kann. Wünschen wir ihm viel Glück dabei.

Verbotene Liebe

Ich denke an Dich, doch darf ich das nicht
Das schönste Gefühl auf Erden,
es ist mir nicht erlaubt, entfaltet zu werden

Verletzt habe ich Dich, schon oft im Leben
Mein Herz will es Dir sagen,
in die Welt hinaus schreien

All meine Kraft und all meinen Verstand
bringe ich auf, um dich nicht zu erschrecken

Zu wissen, dass Dir diese Worte mehr Leid als Heil bringen,
gibt mir die Gewissheit das richtige zu tun.
Dich nicht zu erlieben.

Schmerz, Verzweiflung und Unruhe,
um das schönste Gefühl zu unterdrücken auf Erden,
das man in seinem Leben erfahren darf.
Ich liebe Dich sehr, doch halten darf ich nicht mehr.
Dein Glück sollst Du finden, ohne mich.
Das größte Glück, wünsche ich Dir.

Gedanken zu "Verbotene Liebe"

Eine gescheiterte Beziehung ist meist eine schlimme Sache,
aber noch schwieriger wird es , wenn einer verliebt bleibt.
Eine wieder Vereinigung ist was schönes, doch manchmal
geht es auch zu weit, oder ist der Bruch einfach zu groß.
Vielleicht hat man es auch schon nochmal versucht. Dann
muss man einfach einen Schluss Strich ziehen.

Auch wenn es einfach klingt, ist der Kampf gegen diese Liebe
ein hartes Unterfangen. Das Werk beschreibt die Situation
eines so liebenden Menschen. Er wünscht dem anderen ein
wunderbares schönes Leben, wie es auch sein sollte, denn
eine Trennung muss nicht immer Hass hervor rufen.

Er hat es selber begriffen, das er nicht mehr halten darf, und
tut auch alles dafür, auch wenn der Schmerz und die
Verzweiflung noch so groß sind.

Mit Dir

Das Lächeln erstreckt sich, über das ganze Gesicht
Ich habe Dich gehört

Im Bauch fliegen die Schmetterlinge umher
Ich habe an Dich gedacht

Eine Gänsehaut überzieht meine Haut
Ich habe Dich berührt

Glücklich und zufrieden wandere ich umher
Ich habe mein Leben mit Dir

Gedanken zu "Mit Dir"

Das glückliche Leben zu erleben muss auch gelernt werden. Denn zu vieles nehmen wir hin als wäre es Alltäglich. Aber auch der Liebe muss man sich klar werden. Oft bekommt man eben nur die schlechten Zeiten mit. Ich versuche mit den Zeilen zu zeigen was mit einem glücklich erfolgreich verliebten Menschen durch den Kopf geht.

Ziele

Stein um Stein baut es sich auf.
Immer wieder sage ich mir,
mit der Vision des zu erreichenden Ziels vor Augen.
Stein um Stein.

Mit dem Selbstvertrauen aus dem Wissen,
es irgendwann zu schaffen
Die Zeit ist ein Helfer, einzig vom Tod kann man eingeholt
werden.

Ein Sprung ist nicht möglich denn,
ein jeder Schritt muss nach einander getan werden.
Dieses zu begreifen ist schwer.
Doch man kommt nicht umher.

Gedanken zu "Ziele"

Will man Ziele erreichen, muss man sich vor Augen halten, das man die meisten Ziele eben nicht direkt erreicht, sondern das Sie wie ein Haus funktionieren. Man setzt Stein auf Stein, um irgend wann ein fertiges Haus erreichtet zu haben. Viele machen den Fehler einfach mit einem großen Schritt zu viel zu wollen, sich so zu überschätzen.

Der Mensch muss lernen auch die kleinen Schritte als Erfolg zu verbuchen. Besonders für sich selbst, denn man wird in der Gesellschaft nicht immer für diese Einstellung mit Respekt behandelt. Viele sehen das Endziel und bewerten danach. Aber eine Diplomarbeit oder ein einfaches Gedicht, beginnt stets mit einem Buchstaben aus den Fingern und daraus folgt das Wort.

Auch wenn man einen Rückschritt macht, ist es das wichtigste das man danach einen Schritt wieder nach vorne versucht. Nur wer das nicht mehr versucht, hat verloren. Es ist das simple Prinzip mit dem aufstehen wenn man fällt oder eben aufgeben und liegen bleiben.

Ich erfreue mich jeden Schrittes und am Ende kommt die Party

Totenbett

Ich stehe vor dir, meine Gefühle bleiben regungslos,
Das erkunden meiner Seele, selbst die Berührung zeigt keine
Wirkung
Der Weg hinfort von Dir, fällt mir nicht schwer.
Hat er schon lange vor diesem Tage begonnen.

Du Selber hast mich auf diesen Weg geschickt.
Mich vergrault mit Respektlosigkeit und Hohn,
Geborgenheit habe ich bei Dir gesucht.
Gelächter habe ich bei Dir gefunden.

In meinem Herzen wird immer eine Stelle leer bleiben,
Dort sollte der Stamm eines jeden Menschen sein
Die Familie die einen hält und zu der man immer wieder
zurück kehren kann
Mir wurde Sie genommen. Dafür eine nicht endende Suche
auferlegt.

Gedanken zu "Totenbett"

Die Beziehung zweier Familienmitglieder findet sein Ergebnis als der Sohn der keinen Kontakt mit seiner Mutter hat, an dem nahen Tot seiner Mutter, auf der Intensiv Station an Ihrem Bett steht. Er fühlt nichts mehr für diesen Menschen. Selbst als die Mutter so nah an der Grenze zum Tod steht.

Da er das überprüfen will, versucht er nach langem zögern diesen Menschen zu berühren, aber auch dabei verspürt er keinerlei Regung in seinem Körper oder Herzen. Er kann ohne Scham und ohne trauriges Gefühl das Zimmer verlassen und auch den Menschen dort, für Ihn in diesem Moment, das letzte mal gesehen, verlassen.

Er schreibt über seine Sehnsucht, die er sein Leben lang hatte, aber nicht bei seiner Familie gefunden hat. Dieses wirft er im zweiten Absatz vor, und spricht von der leeren Stelle den diese fehlenden Zuneigungen aufgerissen haben. Denn nun ist sein Leben davon bestimmt diese Lücke zu füllen, und er ist sich nicht sicher ob es auch jemals gefüllt werden kann.

Ich bin ein Mensch

Der Schmerz hält inne,
Meine Gedanken kreisen um das Leid
Sie überschatten das Leid in meinem Kopf,
Rücken sie in den Hintergrund
Ich fliehe in eine Welt ohne Gefühle

Ich bin ein Mensch mit Gefühlen,
man kann Sie nicht löschen,
Sie sind ein Teil von Uns

Doch ich drücke Sie in eine hintere Ecke,
Mache aus mir eine nicht fühlende Kreatur,
Dadurch fehlt meinem Lachen der Ausdruck,
Willst Du Lachen, musst Du erst weinen.

Ich bin ein Mensch mit Gefühlen,
man kann Sie nicht löschen,
Sie sind ein Teil von Uns

Man darf nicht gegen den Schmerz arbeiten,
Will ich den Schmerz in die Vergangenheit versetzen,
muss ich mit ihm kommunizieren.
Im Tausch bringt er mir mein Lachen wieder.

Ich bin ein Mensch mit Gefühlen,
man kann Sie nicht löschen,
Sie sind ein Teil von Uns

Gedanken zu "Ich bin ein Mensch"

Das ist ein Versuch ein Lied mit Refrain zu schreiben. Es geht um das verdrängen von Gedanken die sich um Schmerz und Leid handeln. Aber damit die Psyche des Menschen damit richtig umgehen kann, muss man damit arbeiten, mit Ihnen sozusagen kommunizieren. Eben die Gedanken auch verstehen.

Es bringt nichts wenn man sie in die hinterste Ecke seines Kopfes schiebt, denn irgendwann brechen sie nach vorne und wollen behandelt werden. Ein übler Gedanke wird nie ein schöner werden, aber man kann mit Ihm leben. Es ist wie in einer Beziehung zwischen zwei Menschen die sich einfach nicht leiden können aber noch nie darüber miteinander gesprochen haben, noch nicht die Ansichten des anderen gehört haben. Wenn man weiß wie der andere denkt, wird es dadurch nicht schöner, aber man geht mit einem gewissen Respekt voneinander weg.

Man sollte sich genau so mit seinen Gefühlen auseinander setzen, ihnen die Chance geben sich zu entfalten, auch wenn dadurch eine Träne das Gesicht entlang fließt.

Last der Zeit

Ein Luftzug streift mein Gesicht
holt mich für ein paar Sekunden zurück in die Gegenwart
Dann falle ich wieder in die Bewusstlosigkeit meines Gefühls.

Immer wieder Gedanken, an die eine in meinem Herzen,
Vergessen muss ich die Liebe zu Ihr, aber nicht den
Menschen
Trage eine schwere Last, möchte sie ausziehen.
Doch noch ist sie eine zweite Haus.
Unzertrennbar mit mir verschmolzen
Und doch lässt die Zeit die Grenzen verblassen

Zeit die Variable, als Einzige unbekannt
Wie lange noch, weiß die Zukunft-
Die Vergangenheit unveränderbar schreitet weiter.
Sekunde um Sekunde wird geschrieben.
Änderbar durch den Menschen, mich.

Gedanken zu "Last der Zeit"

Hier geht es wieder um das verliebt sein, aber diesmal hat
der Mensch begriffen das es zu Ende ist. Eben nur noch die
Zeit ist, welche verstreichen muss, damit das Gefühl
schwindet. Es weicht langsam aber auch wie im Werk "Ziele"
ist hier jeder Schritt nach dem anderen wichtig. Am Ende
begreift dieser Mensch noch das die Vergangenheit nicht
änderbar ist, aber die Zukunft stets durch Ihn geschrieben
wird.

Danke

Ich will Dir Danke sagen,
aber ich weiß nicht wie
Immer warst und bist Du da für mich.
Du bist der einzige Mensch
der jemals für mich da war

Aber ich trat dich immer wieder mit meinen Gefühlen
Ich bin dir unheimlich Dankbar
schäme mich meiner selbst.
Die Aggressionen auf mich sind so stark,
das ich nicht einmal auf normalen Wege sagen kann:

DANKE

Gedanken zu "Danke"

Wenn man einem Menschen verletzt hat und ihn immer
wieder in seinen Gefühlen verletzt hat, tut man sich schwer,
sich selbst zu verzeihen. Darum geht es in diesem Werk.
Dieser Mensch ist einfach so sauer auf sich selbst das er
vergessen hat für so vieles Danke zu sagen, was dieser
Mensch für Ihn getan hat. Am Ende kann er nur ein dickes
Danke schreiben. Gerichtet an den seinen Menschen in
seinem Herzen der Freundschaft.

Vergangenheit

Ich habe in mich hinein gehorcht,
es ist nicht die Sehnsucht von heute,
Ein Gefühl sagt mir das es etwas Altes ist,
Nicht aus der heutigen Zeit.

Ich höre ein leises aber bestimmtes Pochen,
Eine Nachricht ist auf dem Weg zu mir.
Noch kann ich sie nicht entziffern.
Das passende Werkzeug fehlt mir.

Mit der Zeit wird es lauter,
auch verständlicher, klarer.
Es ist nicht mehr lange.
Dann verstehe ich das Innere.

Gedanken zu "Vergangenheit"

Es schlummern Informationen in einem Menschen, für die
man erst Erfahrungen sammeln muss und die wo die Zeit Ihr
übriges tun muss, damit man Sie versteht. Es ist wie das Bier
das einem Jungen nicht schmeckt, weil es so bitte ist. Als
Erwachsener schmeckt es einem. Manche Genüsse finden
erst spät in den Alltag eines Jeden. Es verhält sich genau so
mit Informationen die wir erst lesen können und verstehen,
wenn wir einem gewissen Erfahrungsschatz gesammelt
haben.

Dem Ende so nahe

Die Entscheidung wird fallen, das weiß ich!
Die Frage ist nur wie lange noch und Wo
Immer wieder erwische ich mich beim Gedanken,
an den finalen Schritt
Wie viel Zeit und was muss noch passieren,
damit ich diesen Weg gehe

Für viele ist er töricht, für mich der einzig sichtbare Ausweg,
Vielleicht wird mir jemand, noch einen anderen Weg zeigen.
Bis dahin muss ich versuchen, den letzten Respekt,
vor dem Leben zu bewahren und zu behalten

Aber ich spüre den Atem im Nacken, kalt und unheimlich
Doch für meine Seele verbirgt sich ein Paradies dahinter.
Welches ich am liebsten auf Erden erleben würde.

Gedanken zu "Dem Ende so nahe"

Der Suizid oder auch Selbsttod ist in der Gesellschaft sehr verpönt, in der Kirche unchristlich und von vielen nicht verstanden. Für viele jedoch scheint er der letzte Ausweg zu sein. Diese fragen sich immer wieder auf dem Weg dort hin, was noch passieren muss oder wie lange es noch dauert, bis man sich traut.

Keiner bringt sich um weil er einen kleinen Rückschlag hin nehmen musste, es ist eine aneinander Reihung von vielen Dingen. Es ist ein Gefühl und ein Wunsch der langsam wächst. Weil man dem entfliehen will, was man tagtäglich ertragen muss. Man sieht keine Änderung oder Ziel was man noch erreichen kann.

Man will leben, aber eben ohne diese Einflüsse die einen dahin getrieben haben, doch ist eben der Gedanke an den Selbsttod ein ständiger Begleiter in seinem Leben. Man möchte aber am liebsten das Leben genießen mit dem was einem bei einem Freitod bevor stehen würde, eben ein Verlust dieser Qualen der Gedanken.

Normale Gefühle

Wie fühlt ein normaler Mensch?
Diese Frage stelle ich mir immer wieder,
den Vergleich wird nie einer haben.
Aber zu wissen, anders zu sein, macht einen neugierig.

War das Kind sein noch schön,
als all diese Gedanken nicht vorhanden waren.
Aggressionen wachsen in mir so schnell,
aber auch so schnell verschwinden Sie wieder.
Was passiert nur wenn Sie einmal zum Ausbruch kommen.
Muss ich mich und andere schützen?

Wird irgendwann das Gefühl verschwinden?
Welch glückliches Leben muss das sein ohne diese Gefühle
Ich träume jeden Tag davon, hoffe das meine Träume
eine Chance der Verwirklichung haben.

Gedanken zu "Normale Gefühle"

Was sind normale Gefühle? Eigentlich alle, doch der Mensch in diesem Werk meint eher die Gefühle die er fälschlicherweise fühlt auch wenn es dafür keine passende Situation gibt. Sie lassen ihn aggressiv werden, und er hat Angst das Sie mal zum Ausbruch kommen und er vielleicht auch mal einen Menschen dadurch verletzten könnte.

Der Vergleich mit dem Kind sein, ist der Vergleich mit einem Leben ohne Gedanken die wichtig erscheinen. Als Kind hat man keine Zukunftsängste oder hat Angst keinen Job zu finden. Für Kinder ist vieles so einfach. Kinder sind leichter verletzbar, aber darauf geht dieses Werk nicht ein. Nimmt nur einen Gedanken, an die Freiheit von Kinder Gedanken.

Er träum das diese Gedanken einmal verschwinden, aber das werden sie sicher nicht, aber irgendwann wird er besser damit umgehen können und auch besser mit Ihnen leben.

Das Geheimnis der Vergangenheit

Mein Kopf ist leer, und trotzdem schreibe ich
Irgend Etwas schlummert dort, und will ausgesprochen
werden
Es klopft immer wieder gegen die Barriere die es zurückhält
Ist das Geheimnis, welches sich dahinter verbirgt es wert?

Angst vor der Wahrheit? Eher nicht, dazu reizt es zu sehr.
Der Drang es wissen zu wollen ist größer,
als die Angst etwas schlimmes zu erfahren

Jeder Versuch an die Oberfläche zu kommen, schmerzt.
Aber der Durchbruch bringt die Erlösung,
denn er bringt Antworten.
Antworten auf die man sein ganzen Leben wartet.

Gedanken zu "Das Geheimnis der Vergangenheit"

Wieder geht es um das Thema Trauma, man kennt das Leid
nicht, aber sehnt sich nach den Informationen. Hier fragt
sich der Mensch ob es überhaupt wert ist, diese
Informationen an die Oberfläche kommen zu lassen. Aber
auch hier gibt es die Erlösung, sobald sich die Information
offenbart hat. Manchen wird es aber verwehrt bleiben, ihr
ganzes Leben, diese zu erfahren.

Der Lauf

In deinem Ohr pocht die Musik,
deine Füße tragen Dich leicht auf dem Asphalt
Die Kraft Sie trägt Dich die Straßen entlang
Die Luft die Du atmest ist klar und Leicht.

Auf einmal wirken deine Beine schwer und hart
Du spürst den Schritt, jeder wird schwerer.
Dick und zäh, schmeckt die Luft die Du atmest.

Der Kampf der Kapitulation beginnt,
der Körper will nicht mehr, sendet seine Signale
Doch der Geist und die Seele kämpfen
Das Gesicht zeigt die Züge eines Kampfes
Du läufst weiter im leichten Schritt.

Der Geist ist manch stärker als der Körper

Gedanken zu "der Lauf"

Viele hören beim Joggen Musik und der Anfang ist leicht
getan und man läuft los und man kann noch richtig leicht
atmen. Doch man merkt auch mit der Zeit das, das Atmen
mit der Zeit schwerer wird, man kommt aus der Puste. Dazu
kommt irgendwann der Punkt, wo man denkt man könnte
nicht mehr Laufen, dieser Punkt ist hier beschrieben.   Viele
geben dann auf, hier ist ein kämpfender Mensch
beschrieben, der diesen Willen zum aufhören bricht und
weiter läuft. Darauf hin merkt er das jenes Laufen, welches
eben noch schwer ging, wieder leicht von statten geht.

Hilfeschrei

Die kleinste Ungereimtheit bringt mich aus dem Konzept
Ein böses Wort zu mir und ich bin am Boden
Die Gefühle haben die Macht über mein Leben gewonnen
Sie steuern mich, ich kann Sie nicht mehr unterdrücken
Nicht selten laufen Tränen über mein Gesicht
Sie wirken wie ein Fluss von Befreiung,
doch für wie lange?

Was hat mich zu diesem Gefühlswrack gemacht?
Wer hat mir das angetan ? Wieso ist die Auswahl auf mich
gefallen ?

Ich will diese Last nicht mehr tragen
Ich halte den Druck nicht mehr lange aus

Helf mir

Gedanken zu "Hilfeschrei"

Ein Mensch der am Boden zerstört ist, dem man nur noch
helfen kann, denn selbst helfen kann er sich nicht mehr. Er
kennt keinen Ausweg. Aber er hofft auf Hilfe. Er weiß aber
nicht wer ihm das angetan hat, das er sich so ohne Glück
fühlt. Er fühlt sich allein gelassen. Es ist die typische
Beschreibung eines Haufens Elend in Form von einer Person.

Freiheit

Dieses Gefühl spürt man erst wenn man sie erlangt
Die Lasten sind verschwunden, und keine schwere Säule
haftet auf einem
Man schaut in den Himmel und erblickt die Ferne
Sie war vorher verschlossen, den Augen, dem Geist.
Man spürt den frischen Wind welche einem das Gesicht
streichelt
und wie der Wind einen förmlich trägt
Behalte die Freiheit in seiner reinster Form

                             In deinem
Herzen

Gedanken zu "Freiheit"

Hier wird ein Bildnis beschrieben mit der Luftdrucksäule die auf einem jeden Menschen haftet. Und man fühlt auf einmal das diese Last verschwunden ist. Fühlt sich gar schwerelos. Man fühlt sich fliegend auf den Wogen des Windes.

Zeit und Liebe

Die Liebe lässt die Zeit ewig erscheinen
In der Liebe scheint die Zeit eine nicht endende Recource zu
sein
Doch im Gegensatz birgt die Zeit auch eine Gefahr für die
Liebe
So unendlich sie vorhanden zu sein scheint, desto begrenzter
ist Sie

Dem frisch Verliebten ist die Zeit ein Hindernis
Er steuert auf einen anderen Menschen zu, und weiß nicht,
ob am Ende der Hafen geöffnet sein wird.
Er will die Strecke und somit die Zeit verkürzen, um
Gewissheit zu haben

Je länger seine Fahrt dauert, desto unsicherer wird er
Unsicherheit lässt ihn Fehler am Steuer machen
Fehler die nicht den wahren Menschen darstellen
Die Zeit hat Ihn dazu getrieben

Ist man selbst der Hafen, ist die Zeit ein guter Freund
Man beobachtet das Schiff und fährt es zu schnell,
fühlt man sich unter Druck gesetzt.
Der Druck bringt einen dazu, sich dem Schiff zu entziehen.
Noch ist der Hafen nicht geschlossen.
Das Schiff muss aber die Segel streichen um die Zeit für sich
zu gewinnen.

Gedanken zu "Zeit und Liebe"

Wenn ein Verliebter ungeduldig ist, kann es oft sein das er unbedacht an die Sache heran geht. Denn wenn bei dem anderen die Liebeslage noch nicht klar ist, fühlt er sich bedrängt. Meistens wird durch das bedrängen kaputt gemacht, was hätte entstehen können.

Aber man kann das alles noch reparieren wenn man es früh genug erkennt, wenn man in einer solchen Situation ist.

Was kann ich Dir bieten

Was kann ich Dir bieten,
vieles ist so vergänglich
Geld wird ausgegeben
Besitz verliert an Wert,
das Einzig was bleibt bin ich

Ein Mensch mit Macken
aber doppelt vielen lieben Eigenschaften
Die Macken überdecken den Menschen
darunter ein sanfter Kern.

Berühre ich, streichel ich
Küsse ich, liebkose ich

Was kann ich Dir bieten,
als Mensch, als Freund und Stütze,
Mein Ohr hört Dir zu , wenn du Kummer hast
Meine Hand streichel Dich wenn Du Zärtlichkeit brauchst
Meine Arme umschließen Dich wenn du Halt suchst
Mein Herz gibt Dir Platz wenn Du untertauchen willst

Gedanken zu "Was kann ich Dir bieten"

Wie oft fragt sich ein Mensch, was er seinem Partner bieten kann, oder warum genau man ausgewählt wurde, vom anderen geliebt zu werden. Dieser Mensch beschreibt diese, was er all dem anderen geben möchte.

Wege des Verliebt sein

Es gibt viele Wege mit dem verliebt sein umzugehen
Die Optimisten gehen von einem Erfolg aus,
leben bis zur Entscheidung glücklich.
Kommt der Fall, wird das Glück jäh gebrochen.
Ist das Ziel erreicht, war der Weg schmerzlos.

Der andere Weg geht einem unsicheren Ausgang entgegen,
Gedanken beherrschen den Tag und das Leben,
führen zu Unsicherheit und Schmerzen.
Glück kommt mit dem Erfolg, ein kleiner Fall mit dem Nein.

Der eine Weg kann ganz ohne Schmerzen auskommen.
Bei einer Niederlage ist es aber unklar, welcher Fall
schmerzvoller ist.
Der Tiefe Fall mit dem Glück in der unklaren Zeit.
Oder der kleine Schritt aus dem nicht vorhandenen Glück.
Man mag nicht aufwiegen welcher denn nun sinnvoller ist.

Eine Niederlage ist nie schön

Gedanken zu "Wege des Verliebt sein"

Es gibt viele Typen von Menschen, die Positiv denkenden
und mit negativen Gedanken. Wie man mit dem Verliebt
sein umgeht, kommt immer auf den Charakter an. Dabei
laufen manche durch das leben und machen sich nicht
wirklich Gedanken ob denn nun Ihre Liebe erfüllt wird oder
nicht. Ist natürlich einfach wenn Sie dann erfüllt wird, aber
wenn Sie unerfüllt bleibt, kommt ein tiefer Fall. Aber Sie
hatten wenigstens die Zeit des verliebt sein als glücklich.

Der Andere geht stets von einem negativen Ergebnis aus und
findet sich damit auch schon ein wenig ab, dort ist der Fall
dann nicht mehr so tief.

Eine große Frage bleibt hier, welcher Schmerz schlimmer ist,
der lange mit dem kleinen Ende. Oder der kurze am großen
Ende. Ich mag keine Antwort darauf geben, nur den Hinweis,
das ein jeder seinen Weg hat. Und die Erfahrung damit
umzugehen.

Sockel des Leben

Das Glück müsste hoch sein, denn Gesundheit,
Finanzen und Kind sind gesund.
Die besten Vorrausetzungen für ein sorgenfreies glückliches
Leben

Für mich ist es die Hölle, weiß nicht wie lange ich das noch
aushalte.
Der Sockel unter mir ist gebrochen, lange blieb es im
Verborgenen.
Doch arbeitet sich etwas aus der Tiefe empor.
Wann es das Dach erreicht und das Gefüge zum Einsturz
bringt weiß ich nicht.

Für mich gibt es nur Extreme, ein normales Leben nicht
möglich
Zu oft wurde ich zurück gewiesen, zu oft über mich gelacht
Jahre lang ohne Wirkung, doch es verliert sich nicht
bohrt sich immer weiter in meine Seele
Zerkleinert Sie, ohne das ich etwas dagegen tun kann.

In mir steigt die Wut und Aggression, besser fühlen, tue ich
mich nicht.
Nein, für mich gibt es nur einen Ausweg!
Da meine größte Angst dem Ausweg gilt, lebe ich noch.
Verliere ich die Angst, verliere ich mein Leben

Gedanken zu "Sockel des Leben"

Wie wichtig ist dem Menschen eine Familie? In diesem Werk, geht es um den Bruch dieser Familie und was Sie für einen bedeutet, zu was es führen kann. Denn ein Sockel unseres Leben ist die Familie und der Halt den Sie uns gibt. Ist keine Familie da, so können dafür andere Personen einspringen. Aber leer bleiben darf diese Stelle nicht.

Da kann der Mensch ein noch so äußerliches schönes Leben führen, es erfüllt Ihn einfach nicht. Dies ist schwer von außen zu verstehen.

Am Ende geht der Mensch noch auf den Wunsch nach Freitod ein, da aber seine größte Angst generell dem Tot gilt, kann er sich dem Wunsch nicht hingeben. Eins seiner größten Probleme, dem Angst vor dem Tod, rettet ihm sein Leben.

Berührungen

Meine Finger gleiten sanft über deine Haut,
wie ein Windhauch der deine Wangen streichelt.
Die Fingerkuppen sind warm und zart,
hinterlassen wärmende Inseln.

Nähere mich mit den Lippen den stehenden Nackenhaaren,
lasse Sie wie ein Kornfeld an meinen Lippen entlang fließen.
Presse die die glühenden Kissen des Mundes auf deine Haut.
Ein glühender Fluss durchströmt deinen Körper

Du schließt die Augen, meine Lippen öffnen sich,
die Spitze meiner Zunge, umkreist die Druckpunkte meiner
Lippen,
ziehen eine Linie vom Nacken zum Hals,
führen hoch zu deinem Ohr.

Du spürst den heißen Atem an deinem Ohrläppchen,
die Luft umhüllt wohlfühlend dein Ohr
Langsam aber sicher bilden sich Worte.
Du hörst die Musik meines Herzens

Ich will Dich

Gedanken zu "Berührungen"

Eine Verführung in Worten beschrieben, bzw. der Anfang einer. Es geht mir um die Berührung die man eigentlich gar nicht spürt. Wie ein Windhauch und doch keine Berührung. Man muss jeden Millimeter wieder und wieder überrascht sein das man gerade berührt wird. Den Strom des Blutes fühlen den der andere Mensch in seinem Körper pulsieren lässt.

Nachwort

Ich hoffe Ihnen hat mein Buch gefallen, empfehlen Sie es ruhig weiter. Wenn Sie möchten, kontaktieren Sie mich per E-Mail (Heinen_Sascha@web.de), ob es Ihnen gefallen hat. Wenn nicht, bin ich sehr auf Ihre Kritik gespannt, denn wie soll man sich verbessern, wenn einen der Leser im Dunkel lässt. Vielleicht haben Sie auch Ideen oder einfach Anregungen über welche Themen ich mich auslassen soll. Im ersten Moment schreibe ich, wegen der Lust die ich dabei verspüre, aber es ist nur halb so schön, wenn Ihnen die Texte nicht zusagen oder die immer gleichen Themen langweilen. Daher nehmen sie am Prozess teil.